Immobilier locatif

Comment investir

IMMOBILIER LOCATIF

COMMENT INVESTIR

Introduction

Bienvenue dans le livre **"Immobilier Locatif : comment investir"**. Que vous débutiez dans l'investissement immobilier ou que vous cherchiez à approfondir vos connaissances, ce guide est conçu pour vous fournir les outils et les informations nécessaires pour naviguer avec succès dans le monde de l'investissement locatif.

L'immobilier locatif offre une opportunité passionnante de se constituer un patrimoine durable et de générer des revenus réguliers. Cependant, cela nécessite une approche réfléchie et stratégique. Dans ce livre, nous explorons en détail les différentes étapes pour investir dans des biens locatifs de manière judicieuse et rentable. Nous commencerons par explorer les bases de l'investissement immobilier et les avantages qu'il offre, ainsi que les défis auxquels les investisseurs sont confrontés.

Ensuite, nous discuterons de l'importance d'une sélection minutieuse des propriétés et de la manière de sélectionner les propriétés qui génèreront des rendements élevés. L'analyse de la rentabilité joue un rôle clé dans tous les investissements immobiliers et nous couvrons en détail les revenus bruts et nets, entre autres. Le financement fait partie intégrante de l'investissement et nous

discuterons des différentes
options de financement de vos
projets.

En tant qu'investisseur
immobilier, il est important de
comprendre et d'atténuer les
risques associés à un
appartement locatif. Nous
discutons des stratégies pour
minimiser ces risques et
assurer une rentabilité stable à
long terme. Une gestion
efficace des locataires est
également essentielle et nous
discutons des responsabilités
des propriétaires et des

meilleures pratiques pour maintenir des relations positives avec les locataires.

La fiscalité est une partie importante de l'investissement immobilier et nous vous montrons comment optimiser votre assujettissement à l'impôt tout en respectant la loi. Vous apprendrez également comment faire croître et diversifier votre portefeuille au fil du temps, en tenant compte des tendances immobilières actuelles et futures.

Enfin, nous terminons chaque chapitre par des études de cas inspirantes d'investisseurs immobiliers à succès qui partagent leurs expériences et leurs stratégies gagnantes.

Que vous soyez prêt à faire votre premier pas dans l'investissement locatif ou à améliorer vos compétences existantes, ce livre est conçu pour vous aider à mieux comprendre l'immobilier locatif et son potentiel de profit.

chapitre 1:Introduction à l'immobilier locatif

Partie 1: l'immobilier locatif

La propriété locative est l'achat d'un bien immobilier dans le but de le louer à des locataires et ainsi de gagner un revenu stable. Il s'agit d'une stratégie d'investissement attrayante pour plusieurs raisons. Premièrement, l'immobilier est souvent considéré comme un actif tangible et durable qui peut maintenir sa valeur et offrir un potentiel de croissance à long terme. De plus, un investissement de rachat peut fournir une source de revenu stable, contribuant à diversifier le portefeuille.

Partie 2 : Les avantages d'un investissement locatif

Revenu régulier : L'un des principaux avantages des immeubles locatifs est de tirer un revenu mensuel régulier

des loyers perçus. Cela peut
aider à couvrir les dépenses
liées à la propriété, telles que
les versements hypothécaires,
les taxes foncières et les frais
d'entretien.

Appréciation : L'immobilier a
tendance à prendre de la
valeur avec le temps.
L'évaluation peut varier en
fonction de l'emplacement, de
la demande du marché et des
améliorations immobilières.

Levier financier : l'immobilier
donne aux investisseurs la
possibilité d'utiliser un levier
financier, c'est-à-dire. financer

une partie de l'achat avec une hypothèque. Cela peut augmenter le rendement potentiel car l'investisseur profite de l'augmentation de la valeur totale de la propriété même si seuls des paiements partiels ont été effectués.

Protection contre l'inflation : les loyers ont tendance à augmenter avec l'inflation, ce qui signifie que les investisseurs peuvent maintenir ou augmenter leur revenu réel au fil du temps.

Partie 3 : Les enjeux de l'investissement locatif

Gestion et entretien : Les investisseurs locatifs doivent assurer un entretien régulier du bien et répondre aux besoins des locataires. Cela peut prendre du temps et des efforts, surtout si des problèmes surviennent.

Sélection des locataires : Trouver des locataires fiables qui respectent la propriété est crucial. Un mauvais choix peut entraîner des retards de paiement et des dommages matériels.

Fluctuations du marché : Le marché immobilier peut fluctuer. Une baisse de la demande ou un excès d'appartements locatifs dans une certaine zone peut affecter la rentabilité de l'investissement.

Risques juridiques et réglementaires : Les propriétaires doivent se conformer à diverses lois et réglementations, qui peuvent être complexes. Des litiges avec les locataires ou des

problèmes de conformité
peuvent survenir.

Section 4 : Conclusions et perspectives

En résumé, le chapitre 1 fournit une base importante pour comprendre le logement locatif comme une opportunité d'investissement. Cela met en évidence des avantages tels que le revenu régulier et l'appréciation, mais aussi des défis tels que la gestion et les risques associés. La propriété locative peut être un moyen

lucratif de générer des
revenus passifs et de créer un
patrimoine durable, mais elle
nécessite une approche
réfléchie et une
compréhension approfondie.

Les chapitres suivants de ce
livre examinent les stratégies
pour choisir des propriétés
intelligentes, analyser leur
rentabilité, atténuer les risques
et maximiser les avantages
fiscaux. Avec des études de
cas inspirantes et des conseils
pratiques, vous serez guidé
dans votre cheminement pour

devenir un investisseur immobilier locatif compétent et rentable.

chapitre 2: Sélection stratégique de la propriété

Partie 1 : Types d'investissements

Appartements et condos : Les appartements et les condos sont populaires auprès des nouveaux investisseurs car ils sont potentiellement plus faciles à gérer et attirent des locataires. Ils offrent souvent des options abordables dans les zones urbaines, mais il y a des coûts de logement et d'hébergement à prendre en compte.

Maisons individuelles : Les maisons individuelles conviennent à un investisseur à la recherche d'une maison individuelle avec une cour. Ils peuvent attirer des familles ou des locataires en quête d'intimité. Cependant, l'entretien peut être plus exigeant.

Maisons de ville et maisons jumelées : Ces types de biens immobiliers offrent un compromis entre les maisons individuelles et les copropriétés. Les maisons de ville et les maisons jumelées peuvent offrir une gestion plus facile tout en générant des revenus supplémentaires grâce à plusieurs locations.

Partie 2 : Facteurs à prendre en compte lors de la sélection des fonctionnalités

Emplacement :
L'emplacement est l'un des facteurs les plus importants. Les propriétés bien situées, à proximité des services, des transports en commun et des emplois, ont tendance à avoir de meilleurs loyers et une valeur potentielle plus élevée.

Demande du marché : La recherche du loyer dans une zone particulière est essentielle. Les zones à forte demande peuvent entraîner une occupation élevée et des loyers plus élevés.

État de la propriété : L'état de la propriété peut affecter le résultat. Les coûts de réparation et de rénovation doivent être pris en compte lors de l'évaluation de la rentabilité potentielle.

Potentiel d'appréciation : Recherchez les quartiers où la valeur des propriétés est susceptible d'augmenter à long terme. Les zones en développement ou en revitalisation peuvent présenter un potentiel complémentaire intéressant.

Revenus locatifs : Les revenus locatifs sont un indicateur clé de la rentabilité. Calculez le rapport entre les revenus locatifs annuels et le coût total de la propriété pour estimer les revenus potentiels.

Tendances démographiques : Comprendre les tendances démographiques peut vous aider à cibler le bon public de location. Par exemple, une région avec une grande population étudiante peut avoir besoin de logements locatifs abordables plus petits.

Partie 3 : Diligence et recherche

Étude de marché : Effectuez une analyse approfondie du marché pour comprendre la concurrence, l'occupation et les loyers moyens dans la région. Inspection de la propriété : Embauchez un inspecteur professionnel pour évaluer l'état de la propriété et identifier les problèmes potentiels qui pourraient

affecter sa valeur ou sa
rentabilité.

Aperçu financier : analysez
les coûts associés à la
propriété, y compris les taxes
foncières, l'entretien, les
assurances et les subventions.

Section 4 : Conclusions et perspectives

Enfin, le chapitre 2 souligne
l'importance de la sélection
stratégique des biens pour les
investissements locatifs.
L'identification des types de
propriété appropriés,

l'évaluation des facteurs clés
tels que l'emplacement, l'état
de la propriété, le potentiel
d'appréciation et le rendement
locatif sont des facteurs
importants pour maximiser le
profit.

Dans les chapitres suivants,
nous approfondirons l'analyse
de la rentabilité, des stratégies
financières, de la gestion des
risques et des incitations
fiscales liées à
l'investissement locatif. En
comprenant les bases du
choix d'un bien immobilier,
vous serez mieux équipé pour

prendre des décisions
éclairées et constituer un
portefeuille de biens locatifs

polyvalent et rentable.

chapitre 3:Analyse de rentabilité

Partie 1 : Comprendre les indicateurs clés de rentabilité

Rendement brut : Le rendement brut est le rapport entre le rendement locatif brut et le coût total du bien (y compris le prix d'achat et les frais d'acquisition). Un rendement brut élevé signifie un potentiel de gain élevé par

rapport à l'investissement
initial.

Bénéfice net : Le bénéfice
net tient compte des coûts
d'exploitation tels que les
impôts fonciers, les
assurances, les coûts
d'entretien et les coûts
administratifs. Cela donne une
image plus précise de la
rentabilité réelle du bien.

Cash-flow : Le cash-flow est
la différence entre les revenus
locatifs et les charges liées à
l'immobilier. Un flux de
trésorerie positif signifie que
les revenus dépassent les

dépenses, ce qui peut aider à couvrir les versements hypothécaires et à générer un revenu net.

Partie 2 : Calculs des bénéfices

Calcul du revenu brut : Divisez le revenu locatif annuel par le coût total de la propriété, puis multipliez par 100 pour obtenir le revenu brut.

Calcul du revenu net : soustrayez les charges d'exploitation des revenus locatifs annuels et divisez le résultat obtenu par le coût total de la propriété. Multipliez ensuite le revenu net par 100 pour obtenir le pourcentage.

Calcul du flux de trésorerie : soustrayez les dépenses totales des revenus de location mensuels. Un flux de trésorerie positif signifie que les revenus couvrent les dépenses.

Partie 3 : Facteurs à considérer

**Taux d'occupation et
d'inoccupation** : Un taux
d'occupation élevé est
essentiel pour maintenir un
revenu stable. Il est important
de considérer le taux
d'inoccupation moyen de la
région.

Évaluation : Bien que la
rentabilité actuelle soit
essentielle, l'appréciation
potentielle à long terme peut
également influencer la
décision d'investissement.

Amortissement :
L'amortissement, ou
l'amortissement comptable

d'un bien immobilier, peut avoir des implications fiscales importantes et doit être pris en compte dans l'analyse.

Section 4 : Utilisation des outils et logiciels

Calculateurs de rentabilité en ligne : De nombreux outils en ligne vous permettent de calculer rapidement les chiffres de rentabilité. Ils peuvent également faciliter l'expérimentation de différentes variables pour voir comment elles affectent la rentabilité.

 Logiciel de gestion immobilière : le logiciel de gestion immobilière permet de suivre les revenus, les dépenses et les performances de plusieurs propriétés, ce qui facilite la gestion du portefeuille.

Section 5 : Conclusions et perspectives

 Enfin, le chapitre 3 souligne l'importance de l'analyse coûts-avantages dans le processus d'investissement locatif. Comprendre les paramètres clés tels que le revenu brut, le revenu net et les flux de trésorerie est essentiel pour évaluer si une propriété peut générer des revenus stables et un retour sur investissement satisfaisant. Les chapitres suivants examinent les options de financement pour les appartements locatifs, l'atténuation des risques associés à la possession d'un appartement et les stratégies pour optimiser la rentabilité à long terme. En maîtrisant le modèle d'affaires, vous pouvez mieux prendre des décisions éclairées et maximiser les avantages des propriétés locatives.

chapitre 4: Financement et investissement

Partie 1 : Options de financement pour l'investissement locatif

Financement traditionnel :
Le financement traditionnel
consiste à obtenir un prêt
hypothécaire auprès d'une
institution financière. Cela peut
nécessiter un acompte,
généralement autour de 20 à
25% du prix d'achat.

Financement FHA : Le
financement de la Federal
Housing Administration (FHA)
est destiné aux acheteurs qui
ne peuvent pas se permettre
un acompte important. Il
nécessite généralement une
mise de fonds inférieure, mais

il peut y avoir des coûts supplémentaires, tels que l'assurance hypothécaire.

Financement des investisseurs : Certains prêteurs offrent des options de financement spécifiquement pour les investisseurs immobiliers. Ils peuvent avoir des exigences différentes de celles des prêts traditionnels.

Partie 2 : Optimisation de l'effet de levier

Effet de levier : L'effet de levier est l'utilisation de fonds empruntés pour financer une partie d'un investissement. Cela peut augmenter les rendements potentiels en permettant à l'investisseur de contrôler des actifs plus précieux avec un investissement initial plus petit.

Calcul du ratio prêt-valeur (LTV) : Le ratio prêt-valeur mesure le montant du prêt par rapport à la valeur totale de la propriété. Une valeur à vie inférieure peut signifier un taux d'intérêt inférieur et une meilleure flexibilité financière.

Partie 3 : Gestion financière

Calcul des flux de trésorerie : analysez les flux de trésorerie potentiels en tenant compte des revenus de location, des dépenses d'exploitation, des versements hypothécaires et d'autres dépenses.

Budget de prévoyance : Créez un fonds de prévoyance pour les dépenses imprévues comme des rénovations majeures ou de longues vacances.

Partie 4 : Les risques financiers et leurs stratégies d'atténuation

Taux d'intérêt variable : Un taux d'intérêt variable peut affecter les versements hypothécaires. Les investisseurs peuvent choisir des prêts à taux fixe pour plus de stabilité.

Effets sur le marché : Les fluctuations du marché immobilier peuvent affecter la valeur d'une propriété. Une stratégie à long terme et une diversification du portefeuille peuvent aider à réduire ces risques.

Section 5 : Conclusions et perspectives

Enfin, le chapitre 4 souligne l'importance d'optimiser le financement et l'effet de levier pour les investissements de transmission. Les options de financement disponibles combinées à un effet de levier stratégique permettent aux investisseurs d'acquérir et de gérer des propriétés plus grandes et potentiellement plus rentables.

Les chapitres suivants traitent de la gestion des risques des investissements locatifs, des propriétaires aux locataires et des stratégies efficaces de gestion des loyers. En maîtrisant les aspects financiers de l'investissement, vous serez mieux préparé à naviguer avec succès dans le monde du logement locatif et à maximiser les avantages de

votre portefeuille immobilier.

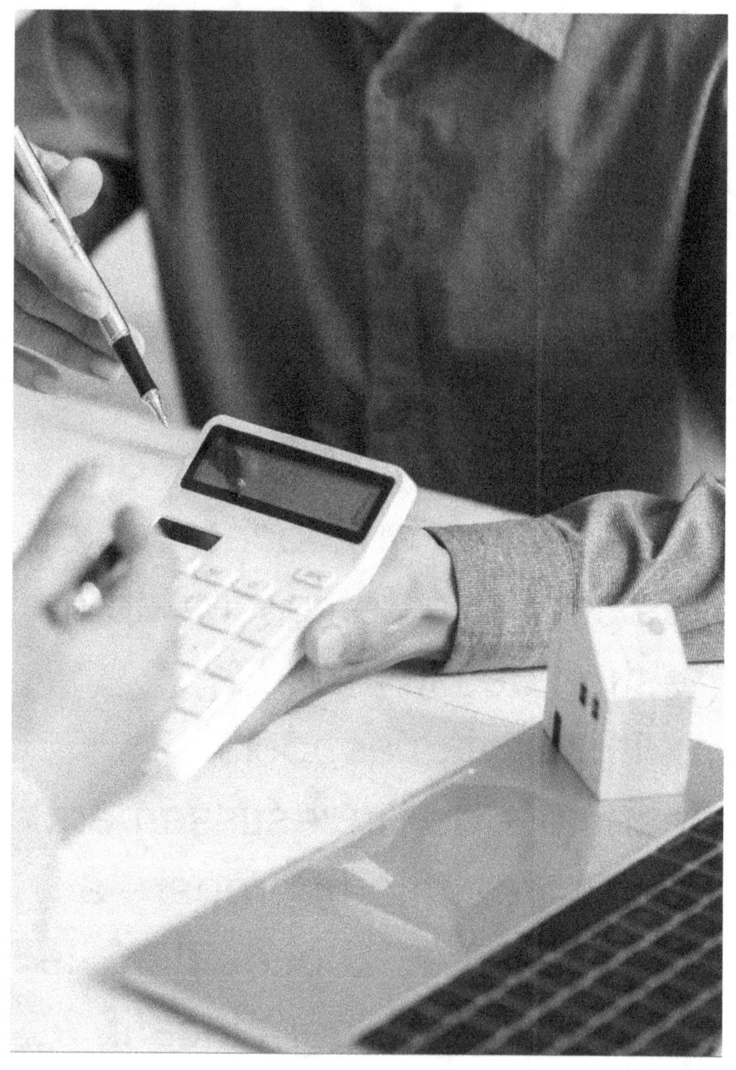

Chapitre 5: Gestion des risques

Partie 1 : Évaluer les risques liés à un investissement locatif

Vacances prolongées : les périodes de vacances peuvent affecter les flux de trésorerie et réduire la rentabilité. Un fonds de prévoyance aide à couvrir les dépenses pendant ces périodes.

Problèmes avec les locataires : les retards de

paiement, les retards de paiement ou les dommages causés aux locataires peuvent entraîner des coûts supplémentaires et des inconvénients.

Fluctuations du marché : Les fluctuations du marché immobilier peuvent affecter la valeur de la propriété. La diversification du portefeuille et une perspective à long terme peuvent réduire ce risque.

Partie 2 : Stratégies de minimisation des risques

Vérification complète des locataires : Effectuez une vérification approfondie des antécédents des locataires, y compris les références et l'historique des locations.

Baux solides : créez des baux complets qui expliquent les responsabilités des locataires, les règles de propriété et les conditions de paiement.

Gestion proactive : Réagissez rapidement aux problèmes signalés par les locataires et effectuez une maintenance régulière pour

prévenir des problèmes
majeurs à l'avenir.

**Diversification du
portefeuille** : Un portefeuille
diversifié de propriétés dans
différentes zones
géographiques peut réduire
l'impact des fluctuations du
marché dans une zone
donnée.

Partie 3 : Assurance et protection juridique

Assurance habitation :
Obtenir la bonne assurance
habitation peut vous protéger

contre les dommages causés par les locataires ou les catastrophes naturelles. Responsabilité civile : L'assurance responsabilité civile peut couvrir les frais de justice en cas de litige avec les locataires ou d'autres questions.

Assurance perte de loyer : certaines polices d'assurance offrent une protection contre la perte de loyer si les vacances se poursuivent.

Partie 4 : Planification financière et réserve d'urgence

Fonds d'urgence : Créez un fonds d'urgence pour couvrir les dépenses imprévues, telles que les réparations majeures ou les périodes de vacances. Analyse de sensibilité : évaluez comment différents scénarios pourraient affecter votre flux de trésorerie et votre rentabilité afin de mieux anticiper les problèmes.

Section 5 : Conclusions et perspectives

Enfin, le chapitre 5 souligne l'importance d'une gestion proactive des risques dans les investissements d'achat. Comprendre les risques potentiels et mettre en œuvre des stratégies pour les minimiser est essentiel pour assurer une rentabilité durable et réduire les événements imprévus.

Les chapitres suivants traitent des obligations du propriétaire envers les locataires, de la gestion efficace des biens et des locataires et des incitations fiscales pour les immeubles locatifs. En maîtrisant la gestion des risques, vous êtes mieux préparé à naviguer avec succès dans le monde du logement locatif et à créer un portefeuille stable et rentable.

chapitre 6: Rôle du propriétaire et gestion locative

Partie 1 :Les responsabilités du propriétaire envers les locataires

Entretien de la propriété : Le propriétaire est responsable du bon entretien de la propriété, y compris les réparations nécessaires pour maintenir la sécurité et la qualité de vie des locataires.

Règles et règlements: Des règles claires pour l'utilisation et l'entretien de la propriété aident à éviter les problèmes et les litiges.

Répondre aux questions des locataires : Pour maintenir une relation positive, il est important de répondre rapidement aux questions des locataires sur les réparations et les problèmes.

Partie 2 : Gestion des relations avec les locataires

Communication ouverte :
Maintenez une communication
transparente avec les
locataires pour résoudre
rapidement les problèmes et
répondre à leurs
préoccupations.

Respect de la vie privée :
Respectez la vie privée des
locataires en les avisant à
l'avance avant d'entrer dans la
propriété pour des inspections
ou des réparations.

Écoute active : Écouter les
préoccupations des locataires
et trouver des solutions
équilibrées à leurs besoins.

Partie 3 : Gestion des locataires

Processus de location : Élaborez un processus de location solide qui comprend une diligence raisonnable des locataires, des vérifications des antécédents et la rédaction de baux détaillés.
 Collecte des loyers : mettre en place un processus efficace de paiement des loyers pour assurer les paiements en temps opportun et éviter les retards.

Résolution des conflits : Lorsque des conflits surviennent, gérez-les de manière professionnelle et essayez de trouver des solutions à l'amiable.

Partie 4 : Gestion financière

Budgétisation et comptabilité : Tenez des registres précis des revenus et des dépenses liés à l'immobilier, ce qui facilite la gestion financière.
Prévision régulière des coûts : examinez régulièrement les

coûts de maintenance et d'exploitation pour contrôler les coûts.

Partie 5 : Utilisation de la technologie dans la gestion des locations

Logiciel de gestion immobilière : un logiciel distinct permet de gérer les paiements, les documents et les communications avec les locataires.

Plateformes de communication : utilisez des plateformes de communication en ligne pour vous connecter avec les locataires et traiter rapidement les demandes.

Section 6 : Conclusion et perspectives

Enfin, le chapitre 6 insiste sur l'importance d'une gestion locative efficace pour assurer le succès de l'investissement locatif. Comprendre les responsabilités des propriétaires, maintenir des relations positives avec les locataires et une gestion financière réussie sont essentiels au maintien de la rentabilité et de la stabilité.

Les chapitres suivants traitent de l'optimisation de la fiscalité des investissements locatifs, de l'élargissement du parc immobilier et des tendances immobilières marquantes. En maîtrisant la gestion locative, vous êtes mieux préparé pour constituer un portefeuille locatif performant et bénéficier d'un investissement à long terme.

Chapitre 7 : Optimisation fiscale

Partie 1 : Comprendre la fiscalité d'un investissement locatif

Revenus locatifs imposables : Les revenus locatifs sont généralement imposables et doivent être déclarés sur votre déclaration de revenus.

Déboursés : Certains frais associés à un bien locatif, y compris les frais d'entretien, les intérêts hypothécaires et les frais d'entretien, peuvent être déductibles d'impôt. Partie

2 : Stratégies d'optimisation fiscale

Amortissement : L'amortissement écrit vous permet de déduire une partie de la valeur de la propriété chaque année, ce qui peut réduire votre impôt à payer.
Crédits d'impôt : Renseignez-vous sur les différentes déductions fiscales dont bénéficient les

propriétaires, telles que les frais de gestion, les assurances et les frais de déplacement.

Investir dans l'immobilier : certains comptes de retraite individuels (IRA) vous permettent d'investir dans l'immobilier, ce qui offre des avantages fiscaux potentiels.

Partie 3 : Gestion des impôts et obligations légales

Immobilier : Assurez-vous de payer vos taxes foncières à temps pour éviter les pénalités.

Se conformer aux lois locales : Respectez les lois et réglementations locales en matière de propriété locative pour éviter les litiges et les amendes.

Partie 4 : L'importance de la planification fiscale

Consulter un professionnel : Il est recommandé de consulter un comptable ou un conseiller fiscal pour élaborer une stratégie de planification fiscale adaptée à votre situation.

Planification à long terme : En tenant compte des implications fiscales de l'acquisition de nouvelles propriétés ou de la gestion de propriétés existantes, vous pouvez optimiser les avantages fiscaux à long terme.

Section 5 : Conclusions et perspectives

Enfin, le chapitre 7 souligne l'importance de la planification fiscale pour les investissements de rachat. Comprendre les implications fiscales et les stratégies d'optimisation fiscale est essentiel pour maximiser les avantages financiers de vos investissements.

Les chapitres suivants traitent de l'expansion du marché immobilier, de l'examen des tendances immobilières et de la mise en œuvre de stratégies avancées dans le domaine des investissements locatifs. En maîtrisant les aspects fiscaux

de l'investissement, vous êtes
mieux préparé à naviguer
avec succès dans la vague de
lumière et à créer un
portefeuille rentable et

durable.

Chapitre 8 : Expansion du portefeuille

Partie 1 : Les avantages d'élargir votre portefeuille immobilier

Diversification des actifs : Posséder plusieurs propriétés aide à répartir les risques et à minimiser l'impact de la volatilité du marché.

Rendement cumulé : un portefeuille immobilier peut générer des revenus locatifs cumulés et une plus-value, ce qui contribue à augmenter le rendement global.

 Économies d'échelle : la gestion de plusieurs propriétés peut entraîner des économies d'échelle dans les coûts administratifs et d'entretien.

Partie 2 : Les défis de la gestion de plusieurs propriétés

 Complexité de la gestion : La gestion de plusieurs propriétés nécessite une plus grande organisation et coordination pour assurer un entretien et des relations avec les locataires appropriés.

Valorisation et analyse : Au fur et à mesure que le portefeuille s'agrandit, il devient plus complexe d'évaluer la rentabilité et la performance de chaque bien.

Partie 3 : Stratégies pour une gestion efficace du portefeuille immobilier

Dédiez du personnel ou des services : envisagez d'embaucher un gestionnaire immobilier ou de déléguer certaines tâches pour alléger la charge de travail.

Utilisation de la technologie : les logiciels de gestion immobilière et les plateformes de communication en ligne peuvent faciliter la gestion de plusieurs propriétés.

Systèmes et processus : mettre en œuvre des systèmes et des processus cohérents pour la gestion des locations, la maintenance et la communication.

Partie 4 : Expansion prudente du portefeuille

Recherche approfondie :
Avant d'ajouter de nouvelles propriétés à votre portefeuille, effectuez une étude de marché approfondie.

Évaluation de la capacité financière : Assurez-vous d'avoir la capacité financière de gérer efficacement les nouvelles propriétés sans compromettre la rentabilité globale.

Section 5 : Conclusions et perspectives

Enfin, le chapitre 8 souligne l'importance de gérer efficacement un portefeuille immobilier en pleine croissance. Bien que la gestion de plusieurs propriétés offre des avantages importants, elle nécessite des stratégies spécifiques pour maintenir la rentabilité et la stabilité.

Le dernier chapitre de ce livre examine les tendances du marché immobilier à surveiller, les stratégies avancées d'investissement locatif et les perspectives à long terme pour

les investisseurs immobiliers.
En maîtrisant la gestion de
portefeuille immobilier, vous
serez mieux préparé à percer
dans le monde du logement
locatif et à atteindre vos
objectifs financiers à long

terme.

Chapitre 9 : Tendances du marché immobilier

Partie 1 : Tendances immobilières

Technologie et immobilier : Des plateformes de location en ligne aux solutions automatisées de gestion immobilière, les innovations technologiques ont un impact majeur sur le secteur immobilier.

Investissement durable : De plus en plus d'investisseurs se tournent vers l'immobilier durable et respectueux de l'environnement pour répondre à la demande croissante de logements respectueux de l'environnement.

Changements démographiques : Les changements démographiques, comme l'augmentation du nombre de familles monoparentales ou le vieillissement des baby-boomers, peuvent influer sur la demande pour certains types de logements.

Partie 2 : Stratégies avancées d'investissement locatif

Stratégie de valeur ajoutée : Cherchez des moyens d'augmenter la valeur de la propriété en effectuant des réparations ou des améliorations qui augmentent les revenus locatifs ou la valeur à long terme.

Investir dans des quartiers en croissance : Investir dans des quartiers en croissance peut offrir de meilleures opportunités d'appréciation à long terme.

Investissements syndiqués : L'investissement immobilier syndiqué consiste à travailler avec d'autres investisseurs pour acquérir des propriétés plus grandes ou plus complexes.

Partie 3 : Gestion avancée de la propriété

Automatisation de la gestion : utilisez des outils et des systèmes automatisés pour simplifier la gestion immobilière et les interactions avec les locataires.

Analyse de données : utilisez des données et des analyses pour prendre des décisions éclairées concernant l'investissement, la fixation des loyers et la gestion des propriétés.

Partie 4 : Planification à long terme

Diversification continue : Diversifiez continuellement votre portefeuille pour minimiser les risques et tirer

parti des diverses
opportunités.

Sortie stratégique : Planifiez
une stratégie de sortie pour
chaque investissement, qu'il
s'agisse d'une vente
immobilière, d'une gestion à
long terme ou d'un
réinvestissement.

Partie 5 : Maintenir l'apprentissage continu

Éducation : Tenez-vous au
courant des dernières
tendances, des nouvelles
réglementations et des

meilleures pratiques de l'industrie en assistant à des séminaires, des ateliers et en lisant des ressources connexes.

Réseautage : Établissez des relations avec d'autres investisseurs immobiliers pour partager des idées, des expériences et des opportunités.

Section 6 : Conclusion et perspectives

Enfin, le chapitre 9 souligne l'importance de rester au fait des tendances du marché et de mettre en œuvre des stratégies avancées pour réussir l'investissement locatif. En adoptant une approche proactive et en étant ouvert à l'innovation, vous pouvez optimiser vos investissements et atteindre vos objectifs financiers.

 Une compréhension approfondie des tendances du marché immobilier et des stratégies avancées vous permettront de mieux naviguer dans le monde en constante évolution du

logement locatif et de tirer des
avantages durables de vos

investissements à long terme.

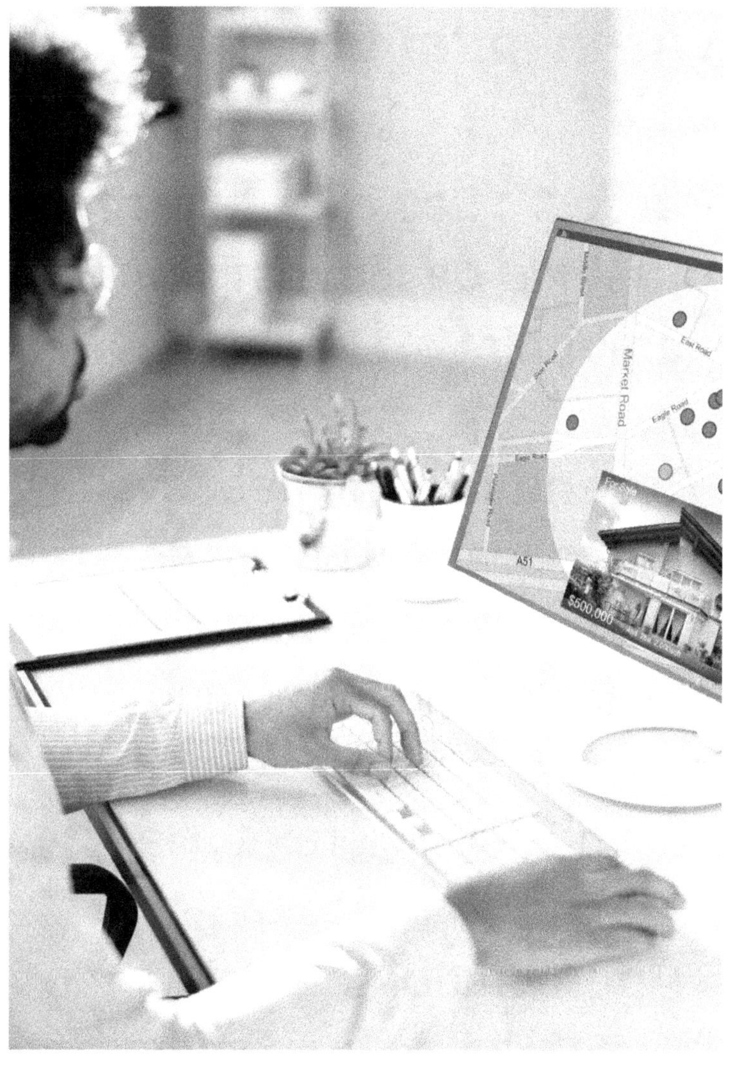

Chapitre 10: Études de cas inspirantes

Partie 1 : Les avantages durables de l'investissement immobilier

Revenu passif : Les revenus de location continuent de générer des flux de trésorerie stables à long terme qui peuvent contribuer à la sécurité financière et à la retraite.

Appréciation : la valeur de l'immobilier peut augmenter au fil du temps, ce qui offre une appréciation potentielle des ventes.

Diversification du portefeuille : L'immobilier offre une diversification par rapport aux autres classes d'actifs, ce qui peut réduire le risque global du portefeuille.

Partie 2 : Planification successorale

Transmettre un héritage : Un investissement locatif peut être un moyen de transmettre un héritage durable à vos héritiers.

Stratégies successorales : Planifiez la façon dont votre succession sera gérée et transmise à vos proches, en tenant compte des questions fiscales et juridiques.

Partie 3 : L'effet de l'association

Logement pour la communauté : Les investisseurs en logements locatifs aident à fournir des logements de qualité aux locataires et à répondre aux besoins en matière de logement.

Amélioration de la propriété : La rénovation et l'entretien des propriétés locatives peuvent contribuer à l'amélioration globale d'un quartier ou d'une communauté.

Partie 4 : S'adapter aux évolutions du marché

Surveillance continue du marché : Restez attentif à l'évolution du marché immobilier et ajustez vos stratégies en conséquence pour maintenir la rentabilité.

 Examen de la stratégie : Au fil du temps, vous devrez peut-être revoir votre stratégie de placement et ajuster votre portefeuille à l'évolution des circonstances.

Partie 5 : Considérons le parcours d'investissement

 Leçons apprises : réfléchissez aux succès et aux défis de votre parcours d'investissement locatif et

apprenez-en. Objectifs futurs :
Identifiez vos futurs objectifs
d'investissement et financiers
personnels et créez un plan
pour les atteindre.

Section 6 : Conclusions et perspectives finales

Enfin, cette partie souligne
l'importance de considérer les
investissements locatifs
comme un engagement à long
terme. Des avantages
durables, tant sur le plan
financier que social, font du
logement locatif une stratégie

d'investissement efficace et équilibrée.

Grâce à une planification minutieuse, une gestion continue et une adaptation aux changements du marché, vous serez mieux préparé à tirer des avantages durables de votre investissement immobilier locatif et à créer un avenir financier solide pour vous-même et vos proches.

Conclusion

Résumé des points clés

Au cours de dix chapitres, nous avons exploré en profondeur le monde des investissements de rachat. Qu'il s'agisse de comprendre les avantages d'un bien locatif, de sélectionner avec soin les propriétés, de gérer les locataires, de planifier les impôts et de gérer votre portefeuille en expansion,

chaque étape a été
soigneusement étudiée pour
vous donner une base solide.

La puissance des investissements locatifs

La propriété locative offre la
possibilité de gagner un
revenu passif stable,
d'accumuler de la richesse et
de sécuriser votre avenir
financier. Les avantages
durables de l'immobilier, tels
que l'appréciation, le transfert
de richesse et l'impact positif
sur la communauté, en font

une stratégie d'investissement efficace et polyvalente.

Le rôle de la formation continue

Apprendre et s'adapter sont essentiels à mesure que le parcours d'investissement progresse. En suivant les tendances du marché, les nouvelles technologies et les meilleures pratiques, vous serez mieux à même de naviguer dans un environnement en constante évolution.

Clé : Planification et stratégie

La clé du succès d'un investissement locatif est une planification minutieuse et l'exécution de stratégies qui correspondent à vos objectifs. Des étapes telles que la recherche approfondie, l'analyse financière, la gestion des risques et la compréhension des obligations fiscales aident à créer un portefeuille durable et rentable.

L'avenir de vos investissements

 Alors que vous poursuivez votre parcours d'investissement, rappelez-vous que la patience, la persévérance et la détermination sont essentielles. Votre bien locatif peut devenir un atout majeur pour sécuriser financièrement votre famille, réaliser vos rêves et créer un héritage durable.

Vue finale **"Immobilier locatif : comment investir"** est conçu pour vous fournir des informations et des outils pour vous aider à naviguer dans le monde complexe de l'investissement immobilier. En suivant les principes et les stratégies abordés dans ce livre, vous serez mieux préparé à prendre des décisions éclairées, à gérer efficacement votre propriété et à tirer durablement profit de votre investissement locatif.

Que vous soyez un investisseur débutant ou expérimenté, n'oubliez pas que chaque étape est importante dans votre parcours. Avec détermination, éducation et dévouement, vous avez la possibilité de créer un avenir financier solide pour vous-même et les générations futures. Succès dans les investissements et les objectifs financiers à long terme.

www.ingramcontent.com/pod-product-compliance
Lightning Source LLC
Chambersburg PA
CBHW070911260726
48661CB00004B/1688